DU RESPECT

EN

REPUBLIQUE

Lettre à M. X., député, en réponse à un article du Progrès *de Wassy-sur-Garonne.*

1re ÉDITION

Quid tibi feci? Cur me cædis?
Que t'ai-je fait? Pourquoi me frappes-tu?

CHAUMONT-EN-BASSIGNY

CHEZ LES PRINCIPAUX LIBRAIRES

—

1881

AVANT-PROPOS

Cette lettre s'adresse, sous le couvert d'un député, à un journaliste anonyme. Si l'auteur se fût montré, c'est à lui qu'on s'en prendrait; puisqu'il se cache, on ne peut lui répondre que dans la personne de son maître, en donnant toutefois, sur son masque, quelques chiquenaudes. — On publie cette lettre en brochure, parce qu'il n'y a guère que ce moyen de rompre le blocus formé par la presse impie. On est prié de faire circuler cette pièce; et, s'il se peut, de la reproduire. Que les riches se cotisent et que les écrivains se croisent. Sous un régime d'élections, c'est par la presse qu'il faut avant tout se défendre. Les populations des campagnes détestent les révolutionnaires et les fanatiques; c'est à elles surtout qu'il faut s'adresser pour les désabuser du mensonge. Il ne nous reste guère, dans l'excès de nos maux, que cette planche de salut. Que le salut du peuple par le peuple soit donc, pour tous, la loi suprême; et que la brochure militante soit notre arme de prédilection, pour Dieu et pour la patrie.

____

DU RESPECT EN RÉPUBLIQUE

Monsieur,

Il a paru, fin décembre, à Montiérender, deux petits écrits intitulés : *l'Agriculture et la Politique*. Dans ces opuscules, monsieur, on attaque, à mon gré fortement, votre politique au regard de l'agriculture et des chemins de fer. On dit entre autres : 1° Que vous présentez, à la veille des élections, des projets nombreux, auxquels vous ne paraissez pas avoir suffisamment réfléchi; 2° que vous indiquez des tracés fantaisistes, calculés, ce semble, surtout pour amorcer les électeurs; 3° que vous mettez de côté, d'une façon déplorable, les moyens d'exécution ; 4° que vous proposez, contre toute justice et tout bon sens, d'engage·, dans ces dépenses aventureuses, les caisses des communes. On ajoute, spécialement sur l'agriculture : 1° Que vous paraissez n'avoir pas

compris le principe économique du travail ; 2°
que vous négligez, avec une incompréhensible
étourderie, la loi de sa juste rémunération ;
et 3° que, pour assurer cette rémunération ef-
fective, selon la fortune du temps, vous êtes
absolument sans idée. Surtout on se demande
comment, après avoir émis à la chambre, les
votes que vous savez, vous venez essayer, contre
les tarifs admis, un système de pétitions qui les
révoque ; et pourquoi, partisan de l'industrie
au détriment de l'agriculture, vous changez,
parmi nous, de thèse et d'arguments.

En présence de ces critiques, monsieur, d'a-
près les règles de la bonne compagnie et par
respect pour vous-même, vous deviez répondre ; vous n'avez pas jugé à propos de le faire :
d'aucuns allèguent votre incapacité logique ;
d'autres, l'impuissance morale. Je n'ai pas à
me prononcer sur les motifs de ce silence, en
tout cas, peu fier. Un esprit de complexion
sérieuse ne se fût pas donné ce tort, monsieur.

Si nous ne voyons pas de réponse, nous
voyons autre chose, — des imputations d'ordure. — Le *Progrès* de Wassy, dans son
numéro du 2 janvier, paru le 31 décembre,
contient, en tête de sa chronique, un entre-

filet de forte odeur. A la première ligne, il est signé F. et daté de Louze; à tous les alinéas, il est contresigné D. et si la signature de l'auteur manque, elle n'est que plus visible. Des malins avaient pensé que l'auteur réel était le Père Duchêne, ci-devant chaudronnier à Versailles, maintenant rétameur à Paris et correspondant du *Progrès*, d'autant que le père Duchêne s'appelle, de son prénom, François ou Ferdinand. Pour nous, ne recherchant point l'auteur, que nous ne connaissons que trop, il nous semblait que son style devait mener cet article droit à sa destination matérielle : s'il surnage, ce qu'à Dieu ne plaise, il entrera dans notre histoire, comme monument opportuniste ou importuniste, sous le nom d'article aux quatre ordures. En tout cas, voici le morceau, avec sa façon d'oracle et son style péremptoire :

« On nous écrit de Louze sous la date du 30 décembre : « Monsieur le rédacteur, — avez-vous vu le petit pamphlet que l'on distribue dans nos contrées? Qu'en pensez-vous? — Votre tout dévoué, F... »

« Notre réponse ne se fera pas attendre. (Je crois bien.)

« C'est une ordure, œuvre matérielle d'un prêtre moralement défroqué et (*sic*) qui, sous les oripeaux, cache le comédien.

« C'est une ordure, œuvre intellectuelle d'un intransigeant détraqué : elle est digne de l'un et de l'autre.

« C'est une ordure semblable (ou analogue) à celle du curé de M... dont la lettre a fait tant de bruit en 1877 et a été traduite dans toutes les langues. (Ce n'est pas flatteur pour l'intimé et ça montre le prix de la gloire.)

« Elle (qui, elle ? là lettre sans doute, mais le raisonnement cloche,) elle démontre que ces gaillards-là font souche ; si on ne veut pas les voir pulluler, QU'ON AVISE ! (Ça devient menaçant ; on fera bien de prendre son fusil.)

« N'exagérons rien (à la bonne heure) et disons : C'est une ordure, (il y tient) une ordure de Charenton, quartier des agités et des gâteux. »

Un point, c'est tout. — On voit que le rédacteur masqué sait son Charenton sur le bout du doigt ; du moins, il en connaît tous les quartiers, mais d'une manière peu scientifique ; par exemple, monsieur, il oublie le quartier des bourgeois ambitieux, des politiques sans foi, des intrigants sans probité et des journalistes sans pudeur, tous gens qui pullulent, — c'est le mot, — à Charenton, à Bicêtre et ailleurs encore. Ce n'est pas assez, vous le voyez, de frapper fort; il faut encore frapper juste. A la place de ce publiciste incongru, j'eusse supprimé toutefois cet article, manifestement écrit *ab irato*, mais improvisé sur copie, et après une longue préméditation. Je l'eusse supprimé, dis-je, pour deux motifs : d'abord parce que c'est une grossièreté, ensuite parce que c'est une niaiserie. Mais voilà; il y a des génies qui ne demandent qu'à aller; quand il faudrait se contenir un peu, vite ils se déboutonnent. Quelle pétulance!

Cette furie n'est qu'un jeu et ne cache, monsieur, qu'une faiblesse. En présence du petit pamphlet, on a convoqué d'urgence le ban et l'arrière-ban des amis de divers degrés. Après mûre délibération, il a été décidé bravement qu'on allait frapper un grand coup... en gardant le silence. Toutefois pour ne pas conserver intact le mérite de cet héroïsme, on a voulu souiller, du haut en bas, son adversaire. Vous êtes pris,

bloqué, cerné, accablé, pas moyen d'échap-
per, il faut se rendre. Ce n'est pas gai. On
roule donc les gros yeux et l'on vous dit, en
jurant, le mot de Cambronne. Sur quoi, prenant
sa hotte, on la verse sur la tête de l'ennemi.
Enfin, pour couvrir cette retraite, quelque
peu honteuse, on déclare dans l'attitude d'Au-
guste à Cinna : *Je t'en avais comblé, je veux
t'en accabler...* d'ordures, s'entend.

Après la pièce, on demande le nom de l'auteur. L'auteur, c'est le bénéficiaire présomp-
tif, ou quelqu'un de ses porte-queue : *Is fecit cui
prodest.* A la table d'une assemblée départe-
mentale, un représentant des goujons de la
Blaise et de la Garonne déclarait, du ton le
plus magistral, que tous les articles du *Progrès*
paraissaient par son ordre, sous son inspiration
personnelle, et (*souriant avec une* rare *modes-
tie,*) souvent avec son concours. Voici notre
Olibrius, je ne sais trop dire en quel costume :
si je dis en vidangeur, il le prendra pour un
compliment ; tandis que si je ne consulte que
sa couleur de son style, je devrais dire qu'il
se met en vidange. Je lui laisse toutes les
fleurs de sa littérature.

S'il est un pays où cette lettre imaginaire ne

devait pas prendre date, c'est Louze. Louze, qui est un peu le pays de la sagesse gaie, a fait aux petites feuilles un succès magnifique de fou rire et de bon sens. *Le chasseur de lapin électoral passé au commerce des lunettes rouges ; l'agronome qui ne cultive que le fer en barres et accepte très bien, pour ses produits, les droits compensateurs qu'il n'a pas su offrir à l'agriculture ; le politicien dont l'éloge se fait tous les jours partout et doit tous les jours partout se recommencer ; l'Adonis doré ou redoré par les grâces antiques, le cultivateur qui ne cultive pas, le médaillé de la jachère, le fakir agricole qui fait consister son salut à tenir la queue d'une vache* : ces traits et d'autres semblables sont gravés dans tous les esprits et égaient les conversations. Il n'y a, dans ce concert, aucune discordance, et personne, entendez-vous, personne, cela est *certain*, n'a écrit de Louze au *Progrès*. La lettre, on le voit, a été fabriquée uniquement pour provoquer le commentaire, et l'en-tête n'a été mis que pour ajouter une malice de plus, en découvrant les autres, sans se trahir. Il est visible qu'une lettre, arrivée dans les bureaux entre sept et huit du matin en hiver, ne pouvait être reçue, commentée, composée, tirée, livrée à deux heures du soir, en l'absence *constatée* du rédacteur. En la lisant, on s'aperçoit encore, par le calcul des mots et l'assortiment de leur juxtaposition, qu'il y a ici l'œuvre d'un Vauban de la cacographie, élevant des ordures en forteresses et tirant du haut de ces tours, avec la préméditation d'un programme. Je mets le *Progrès* au défi de placer sous les yeux de M. le président du tribunal civil, constitué juge d'honneur, sa lettre de Louze avec le timbre de la poste.

Je ne m'arrêterai pas à relever les fautes de goût. Hélas! monsieur, il faut que votre avocat soit terriblement condamné pour écrire de la sorte. Mots, idées, logique, suite de phrases, rien ne tient, absolument rien. Un mémoire humoristique n'est pas une ordure, autrement vous en auriez joliment pondu dans votre vie, même sérieusement. Une ordure n'est pas une œuvre, cela se sent. Ordure matérielle, cela ne se dit pas, voyons. Ordure intellectuelle, c'est encore un plus grossier contresens : l'intellectuel ne peut être ordure, l'ordure n'a rien à démêler avec l'intelligence. Si le prêtre est défroqué, il n'a plus d'oripeaux et ne peut jouer la comédie : c'est un homme fini ; s'il joue la comédie sous les oripeaux, c'est qu'il garde encore convenablement son froc. Si l'intransigeant est détraqué il n'est pas intransigeant : il a perdu, avec la force de l'esprit, la constance : s'il est intransigeant, c'est qu'il a encore la tête solide. Si le prêtre n'a perpétré que l'œuvre matérielle, — ce qui, dans l'espèce, n'a pas de sens, — on ne voit pas son crime et l'on ne comprend plus vos colères ; si l'intransigeant est l'auteur réel, pourquoi l'épargnez-vous?. Mais quatre fois *ordure* en quatre alinéas, cela dépasse tout ; il n'y avait pas encore d'exemple de cette fécondité. A coup sûr, je ne permettrai pas, ici, le calembour populaire, sur l'homme plein de son sujet, qui va aisément par tous les bouts ; mais je rappellerai le mot de Molière : « Puisque la médecine opère, avec cette abondance, c'est qu'elle vous fait du bien. » Après une purge aussi radicale, il faudrait prendre, en bouillon, quelques exercices de grammaire, et, en infusion, quelques pages d'un cours de littérature. Prenez-en beaucoup, cela peut produire de bons effets. Mais si vous continuez à vomir avec cette légèreté prodigieuse, gare !

Laissons ces vétilles et venons aux faits.

Vous accusez deux personnes : quand je dis *vous*, c'est *il* qu'il faut entendre. Permettez. C'est une diversion, ce n'est pas une réponse ; c'est, sous les airs de pourfendeur, une feinte, j'allais dire une fuite. Que l'adversaire vaille ce qu'il vaut, c'est plus ou moins l'histoire de tous les adversaires ; moins il vaut, plus il sera facile de le battre ; croire se dispenser de réponse, par des invectives, c'est une confession d'impuissance. Vous pouvez, Père Duchêne, prendre tous les détours, nous ne serons pas dupe de vos habiletés, sans contester autrement vos puériles grandeurs. Dieu est Dieu, le Père Duchêne est son prophète. Duchêne est grand dans ses pensées, magnifique dans ses sentiments, admirable en ses œuvres ; mais il a un défaut. Quand on l'accuse, il fait le plongeon ; si vous le priez de s'expliquer, il lâche une bordée d'injures. Les injures, sachez-le bien, ne font aucun tort à ceux qui les subissent, mais n'atteignent que ceux qui les profèrent. « La grossièreté des expressions, dit un philosophe, n'est pas la marque de la grossièreté intérieure de l'âme, c'est cette grossièreté même. »

Vous reprochez donc à un prêtre d'être moralement défroqué et de jouer une sacrilège comédie. Si vous entendez par là le tuer, et il y paraît bien, je vous demanderai ce qu'il faut penser du député qui, sans mandat, sans titre, malgré toutes ses promesses et contre tout droit, a tenté la défrocation forcée de sept mille religieux. Si le prêtre qui se défroque est un être vil, que penser du politicien qui veut en défroquer sept mille d'un coup? En bonne arithmétique, le politicien est sept mille fois plus vil que le prêtre.

Etes-vous bien sûr même que ce prêtre soit dans l'affaire qui excite si fort votre bile? Vous avez, devant vous, un auteur, un éditeur et un gérant qui se nomment et qui ne voilent pas leur front pour requérir. Vous devez vous en contenter, d'autant que le prêtre est aux antipodes de vos adversaires. Il y a, vous le savez, monsieur, divers modes de collaboration qui n'entament pas la responsabilité de l'auteur. On peut donner ses pensées à un autre et le prier de les écrire : cela vous est arrivé souvent; — on peut développer soi-même, vaille que vaille, ses pensées et en soumettre les expressions à la critique : cela vous est arrivé souvent aussi. Que diriez-vous, par exemple, si, moi, où un autre, nous prenions à prétendre que le paon se pare encore des plumes de plusieurs geais, et revendique comme sien, ce disgracieux mais suffisant plumage? Ce que vous diriez, votre adversaire peut vous le répondre : il pourrait dire qu'il a fait comme vous, et cela sans crime; vous ne pouvez l'accuser sans vous atteindre. Mais cela même, il ne l'a pas fait; il a travaillé, je suppose, sur ses notes et sur ses livres, comme tout auteur, et vous devez le reconnaître aux arabesques de son dessin. Quant au prêtre, vous connaissez aussi sa plume; vous avez assez longtemps goûté ses services pour savoir qu'elle a d'autres allures. Encore mieux savez-vous que si ce prêtre vous attaque, ce qui peut arriver, ce ne sera pas en tirant derrière un buisson, mais visière découverte, vous frappant en face et abattant, s'il se peut, en vous, l'ennemi de tout ce qu'il aime, l'homme qui a fait, de la guerre à l'Eglise, la base de sa politique.

Vous lui reprochez sa défroque et sa comédie. Ah! monsieur, s'il vous eût suivi dans vos aventures et accepté la solidarité de vos attentats, c'est pour le coup qu'il eût défroqué; et, s'il eût voulu jouer la comédie ou la farce, eh, monsieur, il n'avait qu'à porter vos changeantes couleurs, et à se coiffer de toutes vos cocardes.

Autres, vous le savez bien, furent ses pensées et son ambition. S'il n'eût été qu'un caractère bas et un vulgaire esprit, rien ne lui était plus facile que de trouver sa botte dans le râtelier de la République. Ouvrier de la première heure, disgracié pour sa constance politique, fidèle et courageux malgré vingt disgrâces, il pouvait, moralement défroqué, devenir, avec protection républicaine, un évêque, et, comédien, il pouvait, comme d'autres, devenir député. Si l'insuccès de certains efforts eût persisté, il fût resté le consolateur de cuisantes disgrâces ; le jour qui vit son client triompher, le vit, lui, par principe de foi et devoir de vertu, répudier tous les avantages du succès présent et se retirer sans bruit. Incapable de comprendre la générosité de cette conduite, vous devriez vous faire, au moins, l'honneur de la respecter.

Mais encore, ce prêtre, vous n'osez pas le nommer. Vous essayez de le désigner assez clairement pour qu'on le connaisse, mais d'une façon assez obscure pour qu'on ne puisse pas vous prendre. Vous lui reprochez un défaut criminel de sincérité; et vous allez jusqu'à prétendre qu'il n'est, sous la soutane, qu'un scélérat. Vous frappez du poignard, vous glissez du poison dans la plaie, mais vous frappez sous un masque. Il est impossible d'employer un procédé plus lâche. Si, dans votre conviction, ce prêtre est un misérable, dénoncez-le nominativement, nommez-vous aussi, et démontrez vos accusations : que le prêtre, s'il est coupable, soit convaincu, jugé, condamné, accablé sous l'anathème de la conscience publique. Vous avez, sachez-le bien, toutes les immunités de la calomnie, et l'on vous admet, on *vous provoque* même à prouver vos accusations. Si, au contraire, ce prêtre est un homme laborieux et zélé, connu pour ses talents, ses connaissances, ses œuvres, son caractère, son courage civique, en lui jetant la boue à la face, c'est vous, accusateur, qui vous couvrez d'infamie. On ne fait pas cela, monsieur, ou si on le fait, on se déshonore.

Vous apprendrez, à votre courte honte, qu'il n'y a pas de prêtre défroqué dans le diocèse; et que, parmi nos curés, il n'y a pas de comédiens, excepté ceux qui vous visitent aujourd'hui, s'il y en a. S'ils étaient l'un ou l'autre, vous les verriez dans les bandes opportunistes ; ils y sont si peu qu'on dresse contre eux toutes les batteries de la presse, force discours des chambres, et tous les engins de la persécution. C'est cela, monsieur, qui caractérise la situation, marque leur caractère, et assure l'honneur du sacerdoce. Et vous pouvez compter que jamais vous ne verrez fléchir les prêtres français ; jamais vous ne les verrez couvrir d'une complaisance aveugle les incapacités souveraines et les abominables vanités qui conduisent le pays à sa ruine, en s'admirant.

Le 28 mai 1871, à la Roquette, à trois pas du lieu d'exécution, les assassins poursuivaient encore leurs victimes d'injures monstrueuses. Le chef de peloton, révolté de ces outrages à l'instant de la mort, cria : Citoyens, vous êtes ici pour fusiller, et non pour em... (historique) Stercoraire du *Progrès*, vous m'obligez à vous infliger ce souvenir. Que vous fassiez la guerre à Dieu, à Jésus-Christ et à son Eglise, c'est votre affaire ; en guerroyant contre les croyances et le vieux culte de la patrie, vous montrez tout juste que vous n'avez rien dans l'âme. Mais, si vous devez fournir des bourres aux assassins, oh ! par respect po   votre patron,

1...

n'insultez pas les prêtres, surtout n'élevez pas
contre eux l'accusation d'infamie. C'est déjà le
comble de l'ignominie, ce serait encore couvrir votre directeur d'un surcroît d'opprobre.

Vous reprochez à un collègue d'être un
intransigeant détraqué. Dire à son adversaire
qu'il est un fou, un coquin, un aventurier, ce
peut être très amusant, mais c'est une bien
puérile satisfaction ; surtout c'est bien peu
honorable pour l'assemblée dont vous faites
partie ; je dirais presque que c'est vous insulter vous-même. Insulter son collègue, c'est
se dégrader. Mais encore, s'il est fou, il est
facile d'agiter les grelots sur sa tête, et plus
facile de l'absoudre. Quant à son intransigeance, est-ce donc un si grand crime ?

Intransigeant veut dire un homme qui ne
transige pas. Etre intransigeant sur les prin-
cipes, c'est montrer qu'on en a ; être intransigeant sur les droits. cela veut dire qu'on les
défend ; être intransigeant sur les devoirs signi-
fie qu'on les observe ; intransigeant sur les
intérêts, cela marque qu'on ne veut ni trom-
per ni trahir. Intransigeant, il faut l'être, et
tout le monde l'est dans la mesure même de sa
sagesse. L'être absolument, c'est un grand

honneur, surtout quand tant de gens sans principe et sans courage transigent sur tout, sur les lois, sur les mœurs, sur la foi, la conscience, les intérêts, du moins quand il s'agit d'autrui. Puisque vous reprochez aux autres l'intransigeance, c'est donc que vous êtes, vous, monsieur, un transigeant. Que vous le soyez par principe, par intérêt, ou par peur, à votre profit surtout, cela vous regarde; personne ne vous en fera compliment, à moins qu'on ne veuille canoniser les girouettes.

Le curieux de l'affaire, c'est que le Père Duchêne, dans le même journal, par la même main, la même plume, la même encre, a fait l'éloge des deux hommes qu'il vise sans les atteindre. De l'un il disait, en septembre 1865 : « C'est un esprit élevé, profondément religieux, profondément libéral. » C'est parce qu'il a l'esprit élevé qu'il a refusé de vous suivre dans vos défaillances et d'innocenter vos palinodies; c'est parce qu'il est profondément religieux qu'il pourrait flétrir l'ineptie sacrilège de votes récents; c'est parce qu'il est profondément ennemi de tout arbitraire, qu'il ne souffrira jamais de voir des gens qui se disent les représentants de son pays, en costume de mamelucks, dans les bandes des triumvirs. De l'autre, le *Progrès* disait que c'était un républicain sage, un esprit modéré, une plume vaillante, qui saurait au besoin se remparer du glaive : « Vous avez chassé, lui écrivait-il, les vendeurs du temple, avec le fouet de Juvénal. Pour nos adversaires, le silence est d'or ; ils savent que notre signature est faite avec la pointe d'une épée. » L'épée est de trop ; avec les maquignons de l'opportunisme, il suffit d'une trique ; si le silence était d'or, la parole, du moins la vôtre, est d'*ordure*. Mais bah ! avec vos compliments, Père Duchêne, on se lave les pieds ; quant à vos injures, on les porte à la boutonnière.

L'œuvre est digne de l'un et de l'autre, ajoute le Père Duchêne. Certainement. Repousser les entreprises aventureuses, garer les caisses municipales, défendre le travail et le pain de la France, cela est digne d'un laïque, et serait digne même d'un prêtre, dans un temps surtout où la politique d'un trop grand nombre est de méconnaître la politesse, de meurtrir la liberté, d'insulter Dieu et d'emplir ses poches.

Le rédacteur en domino a bien le front de rappeler la lettre du curé de N. Quelle absence de pudeur ! — En 1877, au cours de la période électorale, un candidat qui était dès lors tout ce qu'il s'est montré depuis, avait eu assez peu de vergogne pour faire déposer, à la porte des presbytères, ses petits papiers. Dans les presbytères, on a justement, pour tout ce qui touche à l'Église, une susceptibilité chatouilleuse et une délicate fierté. Les curés ne virent dans le dépôt illicite de ces petits papiers, qu'une injure gratuite ; ils en firent tous, cela va de soi, l'usage que comportent les papiers inutiles. L'un d'eux qui avait, sans doute, ses raisons pour se montrer plus susceptible, écrivit au candidat que ses papiers avaient tout le moelleux voulu pour un si discret emploi et le pria d'en continuer l'envoi par abonnement. Une lettre de cette nature pouvait se tourner avec esprit et mettre les rieurs du bon côté ; le curé n'écrivant qu'une lettre exclusivement privée, une malice d'au coin du feu, ne se donna pas ce souci. Mais, dans l'Église, on a le sentiment des convenances et l'on n'admet pas qu'on réponde à l'outrage, même en particulier, par l'injure. A peine le curé eut-il envoyé sa lettre qu'il courut après, et ne l'ayant pas rattrapée, s'en fut chez le candidat élu, se confondre en excuses. Partout ailleurs il eût été accueilli, d'autant mieux que la divulgation du tort d'un prêtre n'est chose reçue que dans les plus mauvaises compagnies. « Si je voyais un prêtre pécher, disait Constantin, loin de le découvrir, je le couvrirais plutôt du manteau impérial. » Le député, qui eût payé une lettre semblable, pour se donner couleur et prendre rang parmi les soudards de la gauche, la laissa ou la fit publier dans le *Progrès*. Ses amis envoyèrent, de plus, une grosse caisse au pauvre curé, qui, trompé, dut payer trente ou cinquante francs de port, pour recevoir des pierres, choses moins commodes que les petits papiers. On voit par là de quels gens s'entourait le député, puisque ses bons amis pouvaient lui voler sa correspondance ; et quelle était la délicatesse de convives qui, pour jouer un tour, le convertissaient en vol. Le petit garçon du *Progrès* rappelle aujourd'hui cette anecdote, que son cornac exploita avec une habileté perfide. Il n'en faut pas triompher.

Une lettre privée se met sous enveloppe et sous un sceau : c'est par nature, par droit et par convenance, un secret. Sauf l'agrément des parties, il est défendu de violer ce secret et encore plus de le divulguer. Le divulguer de son chef, sans permission des deux correspondants, pour outrager l'un d'eux, ce qui suppose l'absence d'autorisation, ce n'est pas seulement contraire à toutes les bienséances, à tous les usages, à tous les respects, y compris le respect de soi-même; c'est un tort légalement punissable, un outrage manifeste et si le curé avait poursuivi le député en diffamation, il l'eût fait certainement condamner. Le curé jugea plus sage de s'en tenir au verdict de la conscience publique, toujours acquis à l'offensé, en matière d'outrage, monsieur.

Le curé, sans doute, avait eu tort d'écrire une lettre impolie; mais le candidat s'était précédemment donné le tort de la provoquer par une inconvenance. Les torts étaient compensés; les parties pouvaient se tenir quittes, d'autant que le curé avait présenté, dans la meilleure forme, — le député l'a déclaré publiquement, — ses excuses. Après les torts réciproques et les excuses d'un seul côté, publier une lettre excusée, rétractée, et, sans doute, pardonnée, c'est une grossièreté sans nom, presque un retour à la barbarie, monsieur.

Mais aujourd'hui certaines gens se défendent comme de beaux diables d'en vouloir à l'Église ; ils ne sont point persécuteurs, disent-ils... parce qu'à l'exemple de Julien l'Apostat, ils n'ont pas trempé leurs mains dans le sang ; ils se flattent même de soutenir l'Église, comme la corde, dirait Montesquieu, soutient le pendu. Seulement, chaque fois qu'ils croient en trouver l'occasion, ils déchargent vite une cartouche dans la soutane. En ce moment même, ils se poussent beaucoup à ce vil métier ; j'en pourrais citer des preuves. Allez, messieurs, ne vous gênez pas ; tout vous est permis, puisque vous êtes les plus forts ; mais, au moins, faites-vous donc l'honneur d'écarter toute hypocrisie.

Peu fidèle à lui-même, l'accusateur, dont l'esprit s'effémine, termine en style de régence et ne voit plus que des *agités* et des *gâteux*, des gens qui perdent la tramontane par faiblesse de complexion ou par désir excessif du bien. A la bonne heure. Mon âme se rassérène, mais pas pour longtemps ; car l'exécuteur, après avoir cuisiné en Brillat-Savarin du numéro 100, se convertit en Barbe-Bleue et, dans son numéro du 13 janvier, à propos des élections municipales, où le prêtre sans doute n'était pas en cause, met *les orduriers au pilori* [1]. Le *Progrès* devient une potence; son rédacteur est le valet qui tire la ficelle, et, pour se réjouir, allonge la langue devant les suppliciés. Bien, petit; vous avez trouvé votre place; si ça continue, vous deviendrez bourreau : on pourra vous faire saigner à carnaval et écorcher à Pàques.

Je demande pardon de relever, par une si fidèle analyse, ces sottises et ces indignités. Il semble que, pour vider ce procès, il suffirait d'une scène de comédie. On accuse, monsieur, votre politique. — Défécation, défrocation, détracation. — Monsieur, on dit que pour les chemins de fer volants... — Intransigeance à droite, intransigeance à gauche. —

1. Dans cet article, le *Progrès* qualifie de *carnavalesques* les petites lettres; c'est un mot heureux : l'épithète est bien choisie, parce que, dans ces lettres on ne voit guère figurer que des masques; nous ne parlons pas des charlatans pour rire, ni du bœuf gras. Il ne faut pas abuser du droit de représailles.

On dit que sur l'agriculture... — Intransigeance par en haut, intransigeance par en bas (*il s'anime*), par devant, par derrière. — Monsieur. — Ordure naturelle (*rinforzando*), ordure physique, ordure métaphysique, matérialiste, panthéiste. — Monsieur! — Ordure intellectuelle (*fortissimo*), morale, sociale, politique, économique. — Monsieur! — Ordure agricole, industrielle, commerciale, artistique, géologique, astronomique, pantagruélique. — Monsieur! — Orduriers au pilori (*tragediante*), au gibet, à la potence, à la guillotine... Le père Duchêne perd la boule. Parce qu'on lui parle du travail, des faits qui troublent l'ordre économique, des moyens de défendre l'agriculture contre la ruine et la liberté contre les attentats, il s'extravase. Parce qu'on le retient par le collet de l'habit, qu'on veut lui mettre la main sur la bouche, il rejette son chapeau sur l'occiput et se met à chantonner le quatuor de Bedlam : « Ah! qu'on est bien (quatuor) en cabine (bis). » Décidément, il n'y a plus rien sous ce crâne éburné. Qu'on aille vite chercher le médecin, ou plutôt qu'on donne trente sous pour faire dire une messe.

Le père Duchêne est mort, Dieu lui fasse paix [1].

Nous laissons là ce pauvre homme ; aussi bien, en lui répondant, nous ne répondions pas au député, à moins de confondre le client avec son avocat, le patron avec ses porte-plume ; à moins encore que le journaliste masqué ne soit, comme on l'entend dire, le député lui-même. Écartant toutefois les bruits respectant l'adversaire comme nous nous respectons nous-mêmes, nous nous adressons, pour finir, au représentant du peuple, parlant, cette fois, à sa personne.

On dit qu'en prenant, pour Doulevant, la seule ligne disponible, vous aviez momentanément frustré le département et surtout Montiérender. Que répondez-vous?

On dit, pour le tracé d'Éclaron à Jessains (ligne concédée par le seul ministre de la

1. Si nous attaquions, nous pousserions plus loin ; mis en cas de légitime défense, nous voulons garder la modération. Un prêtre a été l'objet d'une attaque injuste, inepte, grossière, violente et surtout lâche : *il ne se défend pas ;* nous repoussons, pour lui, seulement les brutalités de la calomnie. La considération d'un homme se mesure non au respect qu'il obtient, mais à celui qu'il témoigne.

guerre), si vous y êtes étranger, que vous avez peu de crédit ou que vous êtes la dupe des députés de l'Aube ; et si c'est votre ouvrage, on demande comment cette ligne ne dessert personne que vous et un autre, au grand détriment de notre canton. Que répondez-vous ?

On dit que le canal de la Blaise, créé aux frais du trésor, au profit d'un petit nombre, est constitué en fief de famille. Que répondez-vous ?

On dit, pour la troisième ligne qui se croise autour de votre maison, que si elle fait ses frais, elle trouvera des actionnaires, et que, si elle ne les fait pas, elle ruinerait les communes, qui doivent, en tous cas, garder leurs fonds pour leur entretien et ne point les risquer dans des aventures. Que répondez-vous ?

On dit que si vous savez quelque chose pour le relèvement de l'agriculture, vous auriez dû, depuis plusieurs années, le faire valoir, et, si vous ne savez rien, on demande ce que vous venez bien faire dans les comices. Que répondez-vous ?

On dit que vos théories sur le travail sont

fausses, que vos votes pour le commerce sont insuffisants et que vos projets ne sont que des palliatifs stériles. Que répondez-vous?

On dit que votre budget d'État, préparé par une commission exclusive, voté sans discussion, par les représentants de trois millions d'électeurs sur dix, est une œuvre de minorité et s'est *augmenté de cinq cent onze millions*, depuis le règlement des dettes de l'Empire et de la Commune. Que répondez-vous?

On dit que les plus-value des rendements trimestriels prouvent que les députés avaient mal dressé le budget et laissent en fin d'exercice, les caisses vides. Que répondez-vous?

On dit que les dégrèvements effectués en vue des élections doivent se payer avec des bons du trésor ou se couvrir par des emprunts. Que répondez-vous?

On dit qu'en admettant le projet de loi sur le divorce, vous ne pouvez que précipiter la dissolution des mœurs françaises. Que répondez-vous?

On dit qu'en votant l'instruction gratuite, obligatoire et laïque, vous avez porté atteinte aux droits du père de famille, à la liberté d'enseignement, aux droits de la conscience et à la fortune des citoyens. Que répondez-vous?

On dit qu'en suspendant l'inamovibilité de la magistrature, vous prenez à votre discrétion nos noms, nos biens, notre liberté et notre honneur. Que répondez-vous?

On dit qu'en armant les conseils académiques, du droit de dissolution, vous mettez l'enseignement libre à la merci de l'Université et rétablissez l'État enseignant, c'est-à-dire le despotisme russe. Que répondez-vous?

On dit qu'en confiant aux préfets la nomination et le contrôle absolu des maires et de toutes les commissions administratives, vous êtes, dans votre pays, par le ministre à votre dévotion, plus maître que ne le fut jamais aucun despote. Que répondez-vous?

On dit qu'en exécutant les congrégations religieuses, vous avez violé l'*habeas corpus*, la liberté du domicile, le droit de propriété, la profession religieuse et les bienfaits séculaires du monachisme. Que répondez-vous?

On dit que si vous aviez fait, comme simple particulier, ce que vous avez fait faire là comme député, sans mandat, sans titre, sans motif, vous seriez en prison, et on demande comment vous avez pu autoriser ce que personne n'avait même pouvoir de vous confier; — et on ajoute que le premier tyran venu, pour porter la désolation chez tous les citoyens, n'aura qu'à suivre l'exemple de vos décrets. Que répondez-vous?

On dit qu'en supprimant la loi du dimanche, vous avez provoqué la diminution des salaires, mis l'ouvrier à la merci du patron et rétabli en principe l'esclavage. Que répondez-vous?

On dit qu'en mettant l'administration des églises à la discrétion des conseils municipaux, vous chargez les juifs, les protestants, les indifférents et les impies du contrôle du culte, droit qu'ils devront, par conscience, interpréter dans le sens de la ruine. Que répondez-vous?

On dit qu'en mettant le prêtre français à la merci du pouvoir civil, vous introduisez parmi nous le popisme, vous faites du prêtre un agent de police et ramenez le despotisme le plus monstrueux. Que répondez-vous?

On dit qu'après avoir tant déclamé, à propos de l'Empire, contre l'absorption de la nation par un homme, vous avez absorbé la république dans une dictature trop visible, au profit d'un étranger qui n'a pas une goutte de sang français dans les veines et que vous recommencez , à l'intérieur, l'invasion prussienne, au profit du Génois. Que répondez-vous?

On dit... Je pourrais écrire vingt pages de ce réquisitoire... je constate que vous ne répondez à rien; qu'au lieu de répondre vous vous irritez; et que dans votre colère, vous descendez aux invectives du plus bas langage. C'est le cas de vous dire avec Euripide dans *Prométhée* : « Tu tonnes, Jupiter, donc tu as tort. »

Et que répondriez-vous? Et où en seriez-vous s'il fallait répondre? Et que deviendriez-vous si, au lieu de pérorer, après boire, devant des auditeurs complaisants, vous deviez paraître devant des juges capables d'apprécier, à leur juste valeur, vos frivoles discours?

L'ancien régime reposait sur l'absolutisme de la royauté héréditaire, sur l'organisation de trois classes privilégiées, sur la sujétion d'une multitude également privée des franchises de la liberté et des bénéfices de l'égalité. La société moderne repose sur la négation de l'absolutisme et sur la subalternisation du pouvoir social; elle n'admet, pour per-

sonne, aucun privilège ; elle proclame la liberté et l'égalité des citoyens ; et ne confie le
pouvoir qu'à des délégués responsables avec
charge de garantir à tous la liberté de plein
droit et l'inamissible égalité. Si cette société
se met en république, c'est pour que la forme
républicaine détruise plus radicalement l'absolutisme et le privilège, garantisse plus effi-
cacement la liberté civique et l'égalité sociale.
Vous, pauvre homme, si vous avez jamais su
comprendre cet ordre, vous en altérez toute l'é-
conomie. La plupart de vos votes ne sont, contre
l'égalité et la liberté, que des attentats ; vous
avait refait l'omnipotence, recréé les privilèges
et les monopoles, rétabli les suspects, rouvert
les confiscations et les proscriptions, ramené
les incendiaires de la Commune et dispersé
les plus admirables serviteurs de Jésus-Christ..
D'une main, vous avez semé l'anarchie ; de
l'autre, vous reconstituez le despotisme. Dans
cette société que vous avez divisée, agitée, in-
quiétée, ébranlée, vous n'avez plus qu'une
garantie, la force. Arrière, monsieur ! Vous
n'êtes plus digne de représenter votre pays ;
vous avez perdu toute vertu politique.

J'ignore si cela sera puni d'abord par la

perte irrémédiable de l'estime publique et par
la déchéance, juste châtiment des mandatai-
res infidèles ou incapables. Je n'appartiens
pas au parti qui fait du nombre sa légitimité
et du vote de populations abusées, son titre à
la tyrannie. Mais cela sera puni, monsieur !
retenez ces paroles. Tous les méfaits, même
politiques, sont châtiés par la colère d'en haut.
La justice vengeresse peut venir à pas lents et
d'un pied boiteux ; elle viendra, soyez-en sûr ;
elle frappera tous les crimes contre la reli-
gion, toutes les révoltes contre Dieu ; et si
elle se presse peu pour effectuer cette répara-
tion, c'est qu'elle est certaine de l'obtenir. Je
ne sais pas si vous serez marqué d'un signe au
front comme Caïn, réduit à la bestialité comme
Nabuchodonosor, rongé de vers comme Galère
et Antiochus, battu de verges comme le viola-
teur du temple, suspendu à la corde comme le
déicide, visité par la peste ou par l'incendie : je
ne demande pas votre mort, mais votre conver-
sion ; autrement je sais que vous n'échapperez
pas au code pénal de la Providence. Quand ? comment ? vous le verrez bien. Sans entrer dans ces
questions mystérieuses et qui font trembler pour
vous, je constate seulement que vous n'avez pas

répondu. Quant à injurier votre adversaire, et à faire outrager grossièrement un prêtre, que cela soit ou non par votre ordre, eh, monsieur, ce n'est qu'un attrape-nigauds.

Vous ne répondez rien, parce que vous n'avez rien à répondre ; vous ne répondez rien parce que vous craignez de vous trahir.

Mais en vous taisant, vous justifiez toutes les accusations. Si les accusations confondues pouvaient tourner à votre louange, ce n'est pas vous, monsieur, qui garderiez ce prudent silence, vainement couvert par de sottes injures.

Eh bien ! monsieur, je ne suis qu'un pauvre villageois, mais je vous provoque, dans la presse et par devant le public, à un duel de conscience, très assuré que vous ne pouvez l'accepter sans péril ni reculer sans déshonneur.

Je suis, monsieur, avec un respect où se mêlent plus de regrets que d'estime,

Votre très humble serviteur,

PIERRE-LOUIS.

Le 15 janvier 1881.

EN SOUSCRIPTION :

BIOGRAPHIE
DE LA HAUTE-MARNE

(DIOCÈSE ET DÉPARTEMENT)

Depuis 1789 jusqu'à nos jours

———

Évêques, Prêtres, Soldats, Magistrats, Savants, Littérateurs, Publicistes, Hommes politiques, Industriels, Agriculteurs, Personnes charitables, ont tous, dans ce livre, une notice spéciale. Cette biographie est, pour leur famille, un *Livre* d'or et, pour la Haute-Marne, une *œuvre nationale.*

N. B. On souscrit chez M. F... à Louze (Haute-Marne.)

Imprimerie générale de Châtillon-sur-Seine. — J. Robert.